ESTACIONES DE BOMBEROS

Lugares divertidos para visitar

Jason Cooper
Versión en español de Lois Sands

The Rourke Corporation, Inc.
Vero Beach, Florida 32964

© 1992 The Rourke Corporation, Inc.

All rights reserved. No part of this book may be reproduced or utilized in any form or by any means, electronic or mechanical including photocopying, recording or by any information storage and retrieval system without permission in writing from the publisher.

CREDITOS FOTOGRAFICOS
© Lynn M. Stone: Todas las fotografías

AGRADECIMIENTOS
El autor agradece a las siguientes personas por su cooperación en la preparación de este libro: Departamento de Incendios, ciudad de Aurora, IL; Departamento de Incendios de la ciudad de Batavia, IL; Despacho Tri-Com Central; Geneva, IL

Library of Congress Cataloging-in-Publication Data
Cooper, Jason, 1942-
 [Fire Stations. Spanish]
 Estaciones de bomberos / por Jason Cooper
 p. cm. — (Lugares divertidos para visitar)
 Incluye índice
 Resumen: Examina el trabajo, equipo, y personal de los estaciones de bomberos.
 ISBN 0-86593-238-7
 1. Estaciones de bomberos — Literatura juvenil.
2. Extinción de fuego — Literatura juvenil. [1.Estaciones de bomberos. 2. Extinción de fuego. 3. Materiales en idioma español.] I. Título. II. Serie: Cooper, Jason, 1942- Lugares divertidos para visitar.
[TH9148.C6318   1992]
628.9'25–dc20

92-20777
CIP
AC

TABLA DE CONTENIDO

Estaciones de bomberos	5
Clases de estaciones	6
La vida en una estación de bomberos	9
Los bomberos	11
La seguridad y el fuego	14
Vehículos de combate	16
Los camiones de rescate	19
¡Incendio!	20
Equipo para combatir incendios	22
Glosario	23
Indice	24

ESTACIONES DE BOMBEROS

Los bomberos y sus brillantes vehículos para combatir fuegos hacen carreras a los incendios. Cuando se ha apagado el fuego, ellos regresan a la estación de bomberos.

La estación de bomberos es un garaje para los camiones de los bomberos. También es una casa para los bomberos del departamento de incendios mientras les toca trabajar.

La estación de bomberos es garaje y hogar

CLASES DE ESTACIONES

La mayoría de los departamentos y estaciones de bomberos pertenecen a las ciudades y los pueblos. Cada estación de bomberos puede tener varios vehículos para combatir fuego y varios bomberos. La mayoría de los bomberos trabajan tiempo completo en su trabajo.

En los pueblos pequeños, la estación de bomberos tiene sólo un camión de bomberos o un autobomba. El departamento de incendios de un pueblo pequeño tiene que contar con la ayuda de bomberos **voluntarios.**

Los voluntarios tienen otros trabajos pero cuando suena la alarma de incendio son bomberos.

LA VIDA EN UNA ESTACION DE BOMBEROS

En la ciudad los bomberos usualmente trabajan el día entero, o sea 24 horas. De noche duermen en la estación de bomberos, sólo que suene la alarma.

Durante el día los bomberos se mantienen ocupados en muchas maneras cuando no están batallando los fuegos. Uno de los trabajos es mantener los vehículos en una condición perfecta.

Una visita encuentra el camión de bomberos en perfecta condición

LOS BOMBEROS

Los bomberos que tu conoces en tu visita son hombres y mujeres que han recibido entrenamiento. Además de saber batallar los incendios saben dar primeros auxilios a las personas heridas.

Los bomberos visitan las escuelas, las fábricas y los hogares. Ellos tratan de encontrar **peligros** – las cosas que podrían causar un incendio – y removerlas. También ellos ayudan que se cumplan las leyes de seguridad en cuanto a los fuegos.

Unos alumnos se prueban el casco de un bombero

Una oficina de despachos de 911

Parte del equipo básico que un bombero usa para combatir incendios

LA SEGURIDAD Y EL FUEGO

Los bomberos hablan acerca de la seguridad para prevenir incendios. Los bomberos le recuerdan a la gente que en la mayoría de las ciudades se puede reportar un incendio marcando al 911 en el teléfono.

Cada año como 6,000 personas en los Estados Unidos mueren en incendios. Docenas de bomberos mueren también, mientras ayudan rescatar a la gente y apagar incendios. El trabajo de un bombero es uno de los trabajos más peligrosos del mundo.

VEHICULOS DE COMBATE

Tu verás muchas clases de vehículos que se usan para apagar fuegos. Algunos se conocen como camiones de bomberos. Muchos de estos vehículos se han diseñado para las necesidades específicas de una ciudad.

Los vehículos para combatir incendios llevan agua, bombas, mangueras y escaleras.

Los camiones con escalera a veces llevan una escalera que se extiende más de 100 pies – ¡más largo que una cancha de básquetbol!

Un camión con escalera extendiendo una pequeña parte de su escalera de 100 pies

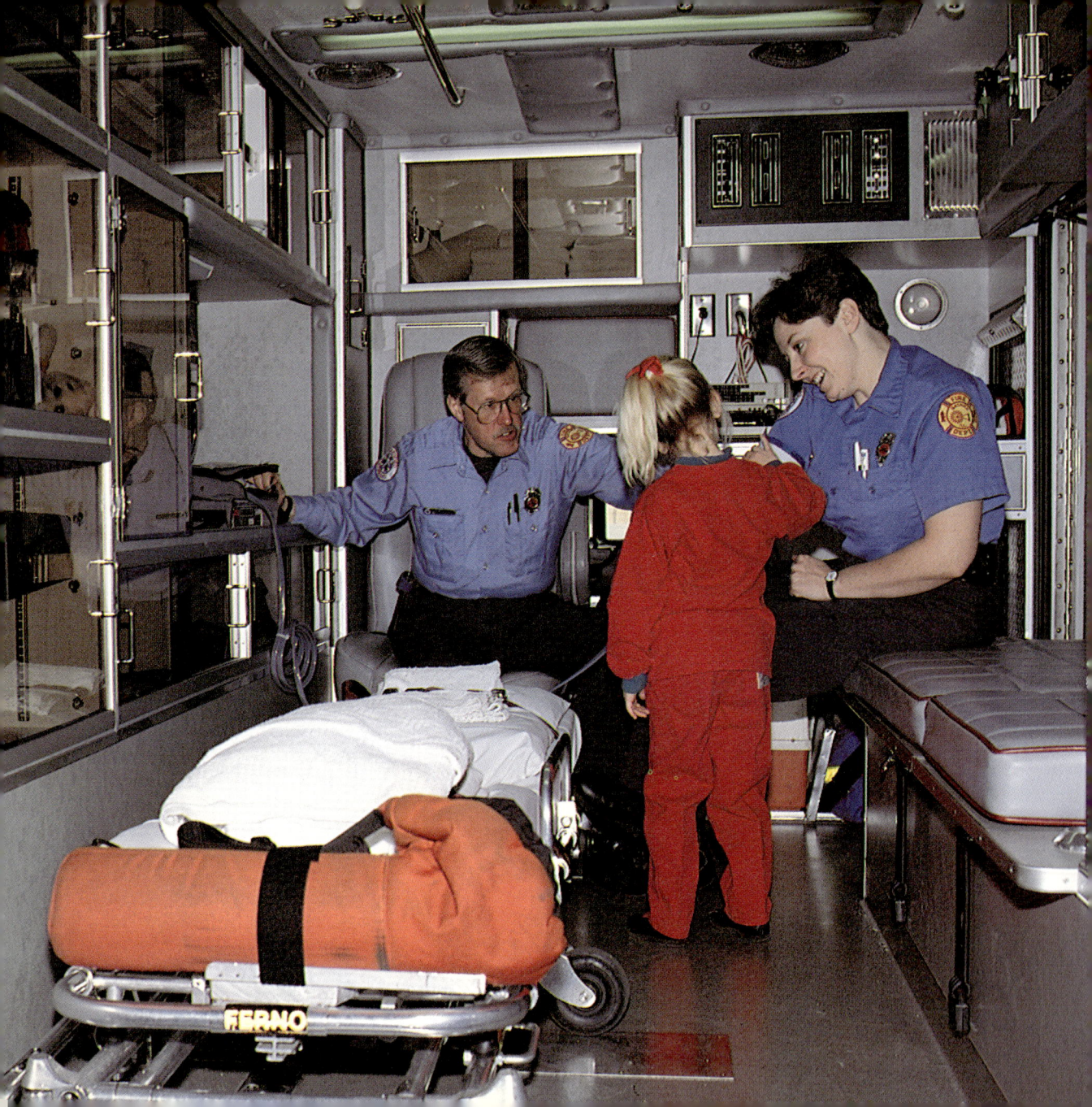

LOS CAMIONES DE RESCATE

Las estaciones de bomberos tienen vehículos que se usan para ayudar a la gente – ambulancias o camiones de rescate. Las ambulancias son manejadas por **paramédicos.** Los paramédicos reciben entrenamiento para ayudar a la gente herida en incendios y accidentes.

Un camión de rescate tiene equipo para batallar incendios y equipo para librar a la gente del carro en caso de un accidente.

Los paramédicos en el vehículo de rescate con una visita jóven

¡INCENDIO!

La mayoría de las estaciones de bomberos son alertadas de un incendio por la oficina de **despachos.** Las llamadas que reportan un fuego llegan primero a la oficina de despachos.

Los bomberos se apuran para ponerse los sacos, las botas y los cascos. Los bomberos que están en el segundo piso bajan más rápido a sus vehículos deslizándose por un poste de metal.

En unos segundos los bomberos y sus vehículos se encaminan hacia el incendio.

El poste de bronce ahorra segundos preciosos cuando suena la alarma

EQUIPO PARA COMBATIR INCENDIOS

    Observa con cuidado las armas que el bombero usa contra el fuego. El equipo de la mayoría de los bomberos incluye un casco, un saco, unos guantes, una linterna, una máscara y un radio. El o ella también puede cargar un tanque de aire fresco para respirar y otras cosas para su seguridad.

    En el camión de bomberos, el bombero tiene **extinguidores de fuegos,** hachas, sogas, y muchos objetos que sirven de ayuda. Los bomberos saben que su mejor arma contra los incendios es la prevención – parando un incendio *antes* que comience.

GLOSARIO

despacho – un mensaje

extinguidor de fuegos – un envase que contiene una substancia que se usa para apagar o extinguir fuegos

paramédico – alguien que está entrenado para cuidar a personas seriamente heridas antes que alcancen el servicio de un médico

peligro – algo que es peligroso

voluntario – alguien que dona de su tiempo sin que le paguen

INDICE

ambulancia   19
autobomba   5, 16
bomba   16
bomberos   5, 6, 9, 11, 14, 19, 20, 22
bomberos, voluntarios   6
camiones de bomberos   5, 6, 9, 16, 20, 22
camiones de rescate   19
cascos   20, 22
departamento de incendios   5

equipo   19, 22
escaleras   16
extinguidores de fuego   22
leyes, seguridad con el fuego   11
mangueras   16
oficina de despachos   20
paramédicos   19
sacos   20
seguridad con el fuego   14, 22
tanque, de aire   22

WITHDRAWN
No longer the property of the
Boston Public Library.
Sale of this material benefits the Library.